may macarons

TEXTO DE **FABIO LOUZÃ CAMPANELLA E MAYRA TOLEDO**
PREPARAÇÃO **ALLAN VIDIGAL**
FOTOGRAFIA **MAIRA PRETO**

DBA

LE CORDON BLEU
1895
PARIS

may macarons
may macarons
may macarons
may macarons

may macarons
may macarons
may macarons

SUMÁRIO

A HISTÓRIA DO MACARON

O macaron que comemos hoje foi criado na França. Mas foi alguns anos antes, na Itália, que nasceu a receita dos biscoitos de farinha de amêndoas, ou, como dizemos por aqui, as coques (ou casquinhas) dos macarons, gerando uma amigável disputa sobre quem, afinal, criou nosso docinho favorito. Cada um que tire suas conclusões da história que nos foi contada:

Na poderosa Casa dos Médici, na Toscana, no século 16, cresceu Catarina de Médici, em meio a uma revolução arquitetônica, monetária e também gastronômica. Os rústicos banquetes medievais começaram a ser substituídos pelas requintadas mesas de jantar, com bolos de vários andares e pratos mais sofisticados.

No ano de 1533, Catarina se casou com o príncipe Henrique II da França, tornando-se rainha consorte e trazendo para a vida da corte cozinheiros, confeiteiros e um novo olhar para as tão esperadas festas do palácio. Os jantares da rainha, conhecida por seu porte rechonchudo, sempre tinham um grand finale que criava expectativa nos convidados: bolos excêntricos dos mais variados tipos e sobremesas que se tornavam verdadeiras joias.

Foi assim que o biscoito de amêndoas alcançou a França e se instalou na corte. Depois de ficar muitos anos em segredo, a receita chegou ao convento Saint-Sacrement, na cidade de Nancy, onde se refugiaram da Revolução Francesa duas irmãs (que ficaram conhecidas como irmãs macarons) que começaram a produzir os doces de forma mais popular, fazendo com que se espalhassem pelo país.

Os macarons como os conhecemos só nasceram bem depois da Revolução Francesa, no inicio do século XX: foi o pâtissier Pierre Desfontaines – neto de Louis Ernest Ladurée, o fundador da famosa pâtissière – que resolveu rechear os biscoitinhos e uni-los dois a dois, criando diversos sabores e espalhando a iguaria pelo mundo.

Italiano ou Francês? Para nós, uma mistura incrível de duas cozinhas que amamos!

casa comida
guia
LE CORDON BLEU
1895
PARIS
Mayra

NOSSA HISTÓRIA

Uma quase arquiteta apaixonada por comer bem!

Nossa jornada pelo mundo da gastronomia começou longe da cozinha, nas mesas de todos os tipos de restaurantes que há em São Paulo. Conheci a May aos 15 anos e descobri três coisas: primeiro, o amor; segundo, que comer, experimentar, descobrir comidas novas é algo incrível; e terceiro, que eu não conhecia nada do mundo da gastronomia, apesar de ter sempre adorado estar na cozinha na casa dos avós ou dos meus pais em dias de bolos e tortas.

Naquela época, ela já era uma pessoa antenada, que sabia de todos os lugares que estavam abrindo em São Paulo, comia de tudo e nunca deixava passar uma sobremesa – paixão que herdou do pai e que os dois até hoje compartilham sempre que podem. Seja passeando, seja na cozinha de casa, almoço e jantar têm uma enorme importância na nossa família. Foi com o pai da May que começamos a aprender a importância de ter os melhores ingredientes, a buscar produtos mais frescos: não importa se é um almoço de segunda-feira ou um jantar festivo, a comida tem que ser de boa qualidade.

Já teve macaron que virou pavê de chocolate, ficou super-chique e foi um sucesso com nossos convidados.

Para quem não me conhece, sou o Fabio, marido, companheiro e sócio da May. Naquela época, nós ainda namorávamos. Enquanto eu jogava futebol e nadava com meus amigos, a Mayra estava no primeiro ano do ensino médio, estudando design de interiores e absolutamente certa de que gostaria de cursar arquitetura – uma influência que até hoje vemos presente aqui na loja: nos desenhos de embalagens, doces, um recheio novo, a May sempre faz um sketch e põe no papel nossas ideias antes mesmo de acabarem as reuniões.

Com muita dedicação e estudo, ela se formou no colegial e no seu curso da Escola Panamericana de Arte e começou o curso de arquitetura do Mackenzie. Eu estava no segundo ano de administração na PUC, procurando um segundo estágio no mercado financeiro. Mais longe da cozinha, impossível. Eram números, finanças, desenhos, maquetes, e foi exatamente por isso que a May acabou virando chef de cozinha.

Vendo as filhas sempre dedicadas aos estudos, pensando em trabalho e tomando seus rumos no mundo, a mãe da May resolveu sugerir que ela e a irmã fizessem um curso básico de gastronomia, aprender a fazer um arroz, um feijão... Já que não podemos viver de brigadeiro, pipoca, bolos e doces, lá foram elas para escola Wilma Kövezi de cozinha aprender o essencial, descascar batatas, refogar cebola, assar carne e, claro, chegar em casa e testar as novas habilidades. Cobaias nunca faltaram para encher a mesa de amigos, costume que temos até hoje em nossa casa. E todos adoram quando algo dá errado na loja e vai parar em uma sobremesa inusitada no jantar (aliás, foi assim que surgiram grandes ideias e novos produtos).

Como sempre estive perto da cozinha de casa, e muitas vezes cozinhava algo para o almoço, virei um sous chef que não lia as receitas, enquanto a May se tornou uma chef que seguia tudo à risca, uma mistura infalível para convidar a família para fazermos uma feijoada dominical. Ingredientes comprados, receitas estudadas (pela May), panelas a postos, convidados esperando e mãos à obra. Sem grandes invenções, fizemos farofa, couve, arroz e feijoada que não acabava mais. Esse foi o primeiro grande almoço da nossa Chef – foi, também, um pouco desastroso, já que nenhum de nós dois sabia que as carnes da feijoada tinham que se dessalgadas antes. Mesmo assim, com muita água e bom humor, nos divertimos, comemos e nos apaixonamos pela cozinha.

A May seguiu atrás de cursos, íamos a eventos de gastronomia e, cada vez mais, nos interessávamos por testar e tentar pratos diferentes, eu sempre de forma informal e ela com um profissionalismo natural, cada vez mais achando a prancheta desinteressante comparada a uma batedeira, até que, depois de dois anos de arquitetura, resolveu largar a faculdade e começar o curso de gastronomia na Anhembi Morumbi. Essa parte, eu vou deixar a nossa chef contar para vocês.

A FACULDADE

Como o Fabio contou, minha jornada na cozinha começou pela barriga e pela curiosidade. Eu comia alguma coisa gostosa e tinha muita vontade de aprender a fazer. Nos diversos cursos que fiz antes de me profissionalizar, entrei em contato com grandes chefs, como a Carole Crema, o Roberto Ravioli, a Ana Soares. Acompanhava o trabalho deles com um olhar diferente, não só de consumidora, mas de aspirante. Observava suas rotinas, a criação de novos pratos, suas formas de cozinhar. Eles me ajudaram a entender de verdade o que é a profissão de cozinheiro e foram a inspiração constante para tomar coragem e me arriscar um pouco além de bater um bolinho. Assim, a curiosidade foi virando paixão.

Quando decidi abandonar a arquitetura, já estava totalmente envolvida com a cozinha. Tinha feito mil cursos focados em pratos específicos e, depois de cada um deles, sempre oferecia um jantar para testar as receitas. Foi no final do segundo ano da faculdade que tomei a decisão definitiva e larguei as pranchetas para nunca mais voltar (ops, mentira, o projeto da loja, a decoração de casa, tudo isso ainda tem muita influência da minha veia arquitetônica).

Em julho de 2008, comecei a cursar Gastronomia na Anhembi Morumbi. Aprendi muito, descobri muitos pratos novos e conheci culturas de que sabia muito pouco, como as asiáticas. Também foi lá que comecei a ter mais contato com a área de gestão, com as planilhas de fichas técnicas e custos que são fundamentais para qualquer cozinha profissional. A Anhembi Morumbi abriu muito minha cabeça, me mostrou muitas possibilidades.

Entrei na Faculdade de Gastronomia com outra cabeça: já tinha iniciado um curso e parado no meio e queria logo me testar, ver se meu lugar era mesmo na cozinha: comecei a estagiar antes do primeiro dia de aula.

Conheci a Lia Tulmann na época em que abriram o restaurante Lia Jockey, na sede do clube na Rua Boa Vista e foi para ela e para a Marcela (sua filha e encarregada do comando da unidade) que eu pedi socorro. Quem conheceu a Lia sabe que os braços dela estavam sempre abertos e comigo não foi diferente. Elas me acolheram e me mostraram o que é o dia a dia de um restaurante: Conheci a área das saladas, na qual elas são especialistas, passei pela área quente, pelas carnes, pelas compras e até pelo financeiro. Posso dizer que fiz duas faculdades juntas. Na cozinha, como elas são muito criativas e o menu muda todos os dias, pude aprender de tudo: como fazer um risotto, uma terrine, decorar as saladas, até enrolar charutinho (o dia dos charutinhos, meu Deus, entendi o trabalho que dá e o quanto é artesanal todo o processo da cozinha libanesa, uma arte).

Antes de terminar o primeiro ano, já tinha passado alguns meses no Lia Jockey, que me abriu as portas para outros restaurantes, como o Bela Sintra e o Parigi, sempre na cozinha e em busca de aprender a fazer os pratos que mais gostava de comer. Comecei a entender de verdade as especificações de cada um desses lugares e o porquê dos seus sabores serem sempre tão especiais. O famoso bacalhau do Bela começa pelo processo de dessalga em um salão especialmente feito para isso, com temperatura controlada e tanques de água regularmente trocada, até chegar no ponto de sal perfeito e ir para cozinha para ser preparado. Já no Parigi, as massas artesanais são feitas sempre no dia, começando logo cedo para serem abertas e recheadas ainda a tempo para o almoço.

Foram experiências incríveis, com pessoas que me adotaram em cada uma dessas cozinhas (deixo meu muito obrigada aos sempre carinhosos Romildo e Gilvan do Parigi, ao Sr. Genaro e ao Alex da padaria e confeitaria do Bela, e aos sempre atenciosos Bitencourt e Eric, que me acolheram em suas cozinhas).

Além de me ensinarem muito, eles sempre se perguntavam o que eu estava fazendo lá: porque uma menina iniciante na faculdade queria se embrenhar nas profundezas do mundo da cozinha? Só quando entramos nessa área é que realmente percebemos o quanto a vida no salão é diferente da dos cozinheiros. É um trabalho prazeroso, mas muito cansativo. A maior parte das cozinhas é pequena, quente e tem equipes muito dedicadas. Esse período também foi um aprendizado sobre pessoas, sobre diferenças sociais, semelhanças, afinidades e sacrifícios; sobre trabalhar enquanto todos estão se divertindo, sempre até muito tarde, muitas vezes sem ter sequer cinco minutos de pausa em um turno inteiro.

Sempre fui uma viajante de alma e coração, morar e estudar fora era um dos meus sonhos. No fim do primeiro ano, larguei os estágios e comecei a pesquisar as escolas fora do país, mas não vou mentir: eu queria mesmo era ir para a França aprender bases, técnicas e sabores no berço da Gastronomia clássica, mergulhar de cabeça no mundo das mais renomadas cozinhas que existem.

PARIS

Malas prontas, francês na ponta da língua (dentro do possível), apartamento alugado e aprovação na Le Cordon Bleu assinada, lá fui eu para a Cidade Luz.

Cheguei em Paris no verão, em agosto, uma delícia. O curso começaria em setembro e eu tinha um mês para me familiarizar com a cidade, descobrir o bairro e fazer daquele lugar minha nova casa. Vocês podem imaginar que não foi difícil: afinal, era um mês de férias no verão parisiense.

Aquele primeiro período foram só flores. Organizava meus passeios por bairro, escolhia um arrondissement (como ele separam a cidade por lá) e passava os dias entre museus, praças, mercados, restaurante e pâtissières. Aprendi mais francês e, diferente deles, comecei a ganhar meus quilinhos.

Setembro chegou e a hora de começar a estudar também. Primeiro dia: naquela época, apesar do renome, a centenária Le Cordon Bleu ficava em uma casa pequena, nada como o campus em que se tornou, à beira do Rio Sena. Era um sobradinho com uma sala de demonstrações no térreo, vestiários no subsolo junto com a cozinha de apoio e, no primeiro andar, cozinhas para 6 ou 8 alunos cada.

O verão acabou naquele primeiro dia: eram mil e uma regras, a disciplina quase militar. Eu, que ainda achava que estava em férias e morando sozinha em Paris, cai na real e percebi porque lá era diferente. A escola oferece três tipos de curso: cozinha, confeitaria e o que eles chamam de Le Grând Diplôme, que é a soma dos outros dois – claro que a carga horária também era dobrada, praticamente em tempo integral (e foi esse mesmo o curso que escolhi).

Tinha aula todos os dias, manhãs e tardes, às vezes com um horário livre no meio do dia em que aproveitávamos o jardim de inverno da casa para conversar e dividir os pratos que cada um havia feito nas aulas práticas da manhã. Eram amigos do mundo inteiro, cada um fazendo com sua essência o mesmo prato e, compartilhando aquele momento, aprendi muito sobre cada um deles. Também fazíamos reuniões fora da escola e sempre trazíamos um pouco da nossa cultura gastronômica para os outros. Foram muitos guacamoles com os mexicanos; nós brasileiros fazíamos feijoadas e caipirinhas, experimentamos várias receitas de pad thai com os asiáticos, e o frango frito dos amigos americanos era dos melhores que já comi.

Também aprendi a cuidar de uma casa e de mim, viajei muito, encontrei amigos que estavam em outras cidades da Europa e conheci a comida local de cada lugar que passei (diga-se de passagem, engordei quase 20 quilos em 2 anos... Não recomendo, mas comeria tudo de novo).

Além de todo o aprendizado que proporciona a Le Cordon Bleu também abre as portas dos melhores restaurantes da França, e os melhores alunos escolhem os lugares primeiro. Depois de conquistar o Grand Diplôme, eu poderia fazer dois estágios: um em cozinha e outro em pâtissière. Comecei pelo de cozinha e fui para um restaurante três estrelas Michelin chamado Guy Savoy. Eu já havia estado lá como cliente e, como contei no começo, quando como uma coisa muito boa a minha vontade é aprender a fazer aquele prato. Fui contra o conselho do chef responsável pelos estágios, que me avisou que naquele restaurante o caminho dentro da cozinha era longo e eu não aplicaria muito das minhas aulas na prática. Teimosa que sou, insisti: era um dos meus lugares favoritos para comer em Paris.

Aconteceu exatamente o que o chef da escola previra: eu vivia na cozinha do sub solo, sem janelas nem ventilação, limpava o banheiro dos funcionários e fazia tarefas como descascar batatas, depenar aves (era época de caça, com faisões e perdizes todos os dias) e limpar cogumelos. Mais uma vez, achei um anjo da guarda, um funcionário angolano que falava português e me ajudou muito. Quando o chef não estava, ele me mandava ficar muda e segui-lo na cozinha de finalização, onde ficava até alguém notar minha presença e me mandar descer de novo. Não posso reclamar, aprendi o que é um restaurante com estrelas Michelin, entendi a pressão que isso exerce sobre um chef e sobre o dia a dia de uma equipe. Também descobri que isso não era o meu sonho.

Tendo aprendido com o primeiro erro, para o estágio de pâtissière resolvi seguir o conselho do chef responsável. Na verdade, pedi que ele escolhesse para mim um local incrível, onde eu fosse fazer parte da equipe e realmente aprender mais sobre as técnicas, montagens e decorações dos doces. Ele me indicou para o Hotel Crillon, outra cozinha estrelada. Na época, a pâtissière estava sob o comando de Jérôme Chaucesse, que se tornou MOF (Meilleur Ouvrier de France, um dos títulos mais importantes e prestigiados da gastronomia) em 2015.

Lá a equipe era uma só e todos faziam de tudo. Era incrível, existia uma lousa onde anotávamos o que precisava ser feito: quem terminasse o que estava fazendo pegava a próxima tarefa do quadro e eu me senti um deles de verdade. Aprendi a fazer todos os doces, as montagens, as decorações, os pães, as viennoiseries... tudo! E como era um hotel, tinha de panquecas e pain perdu (a nossa rabanada) para o café da manhã até as sobremesas mais técnicas e sofisticadas dos restaurantes.

LE CORDON BLEU

LE CORD

Foi no Crillon que eu me apaixonei ainda mais pela confeitaria. Toda a organização de produção que aprendi ali, usei na minha cozinha. O Fabio já contou que eu amo doces e só não posso dizer que conheci todas as confeitarias da cidade porque a quantidade é imensa, mas tentei: comi muitos doces maravilhosos naqueles dois anos e trouxe muito da filosofia da pâtissière francesa para o meu trabalho.

Foi a partir dali que decidi que iria trabalhar com confeitaria. Um restaurante já não estava nos meus planos. Também foi depois do último estágio que percebi que, apesar da paixão pela França, meu lugar era no Brasil e era hora de voltar, acabar o curso da Anhembi Morumbi e pensar nos próximos passos.

Assim cheguei de volta à casa da minha mãe, retomei as aulas e comecei a perceber que eu já sabia algo de cozinha, mas não sabia por onde começar minha confeitaria. Novamente, pedi socorro à Marcela Tulmann e fui trabalhar no escritório do restaurante, com planilhas, pagamentos, compras, caixa, contabilidade, coisas que nenhum dos cursos me ensinou. Durante quase um ano, enquanto acabava o curso de gastronomia, vivi um pouco do que é administrar um restaurante. Me formei e senti que era hora de começar a criar minhas receitas e meu lugar.

Também foi durante aquele ano que voltei a ter muitos palpites do Fabio, que vai contar como virou meu marido-sócio e como o grupo May Gastronomia começou.

ONDE ENTRA O FABIO NA HISTÓRIA?

Como já contei, minha história com a May começou cedo, quando ainda estávamos no colégio, mas foi quando ela voltou de Paris e, depois de um ano, resolveu abrir a May Pâtissière, que começamos a dividir nossa vida profissional. Foram inúmeras visitas a casas para alugar, acompanhamento de obra, palpites e criação de marca. Apesar de não ser oficialmente sócio, eu e a May sempre fomos parceiros e conselheiros de trabalho, seja para fazer planilhas ou para trabalhar na loja um fim de semana inteiro sem folga. A melhor parte era estar presente nas criações e testes. Se querem saber, transformar a May Pâtissière em May Macarons exigiu pelo menos 50 testes de forno e de temperatura, de gramatura e marcas de farinha. E, sim, provamos todos inúmeras vezes.

Apesar de ter trabalhado 11 anos no mercado financeiro, sempre me senti em casa aqui no nosso escritório e cada vez mais me aproximei das decisões e das criações da May. Nosso primeiro grande projeto oficialmente juntos foi o lançamento, em 2017, da nossa segunda marca, a Miel Pães de Mel. Foi natural quando, no ano seguinte, ela me chamou para conversar e me perguntou se eu toparia vir trabalhar definitiva e exclusivamente com ela, para ajudá-la a transformar a May Macarons em uma referência no Brasil.

O processo não foi rápido, muito menos fácil: criar uma família trabalhando juntos não é simples, mas, sempre com base em muita conversa e em função de um objetivo maior, construímos nossa rotina e seguimos firmes, acreditando em nossa equipe, nossos produtos e nossa maneira de coordenar o grupo May Gastronomia. Discordamos de muitas coisas, mas mantemos um alinhamento de estratégia, respeitamos as áreas de expertise um do outro e não temos medo de errar e fazer de novo.

Criamos embalagens, testamos receitas (sim, amo ir para cozinha e, apesar de ser casado com uma chef, em casa sou eu quem pilota o fogão), conversamos sobre investimentos, estamos perto de nossa equipe todo dia a dia para dar suporte e fazemos mudanças constantemente. Aprendemos a trabalhar juntos e até agendamos reuniões semanais para falar dos projetos que cada um está liderando: "aprumamos o avião no ar" porque não dá tempo de pousar.

> *Em nossa cozinha a gente põe todas as ideias para serem testadas. Mesmo quando não vamos realmente colocar um produto no cardápio, aprendemos algo novo e muitas vezes melhoramos nossa produção por causa disso. Testes, testes e mais testes… nunca paramos.*

FELIPE RAU/ESTADÃO

CROQUIS: criações da quase arquiteta ilustram as paredes da casa

Pequena notável

Aberto há cinco semanas, o pequenino **May** poderia passar despercebido até por quem mora nas imediações, não fosse a lousinha na calçada a tentar os passantes com as gostosuras do dia.

Instalada em um pequeno sobrado, a doceria é a primeira casa da jovem Mayra Toledo, de 24 anos, que deixou a faculdade de arquitetura para estudar gastronomia, na Anhembi Morumbi. Reflexos da quase primeira profissão podem ser vistos na parede, decorada com croquis de algumas de suas criações. Com especialização em pâtisserie pela Cordon Bleu de Paris, Mayra produz ali mesmo doces delicados, como a charlotte de caramelo (R$ 10; foto), que alterna o aveludado caramelo mole à mousse, também de caramelo. Outra boa criação é a tartelette americana (R$ 10), versão abrasileirada de um 'Reese's Cup', em casamento perfeito de ganache de chocolate e paçoca.

Há também bolos para acompanhar o café (Nespresso, R$ 4,50). O de limão (R$ 3, a fatia) é fartamente regado com calda cítrica. Fruto de uma viagem ao Pará, a linha de geleias de frutas brasileiras (cajá e açafrão, cumaru e cupuaçu) é interessante. E não saia de lá sem as madeleines (R$ 3) que, é certo, fariam Proust voltar à vida. **Camila Hessel**

ONDE: Al. Campinas, 1.027, Jd. Paulista, 2385-9011. **QUANDO:** 10h/19h (fecha dom.). **QUANTO:** Cc.: M e V.

MAY PÂTISSIÈRE

Como a May contou, depois de trabalhar em alguns restaurantes em São Paulo e Paris, ela sabia que não queria algo assim e, mesmo sabendo cozinhar de tudo, a sua paixão eram os doces – ela sempre foi o tipo de pessoa que pega um cardápio e começa olhando a sobremesa.

No Brasil, sempre se valorizou muito o que vem de fora. Mas por aqui temos uma diversidade incrível e pouco explorada, e a May aprendeu na França algo que fazia todo o sentido, um conceito que ficou marcado em nossa chef: cozinhar com ingredientes locais, sazonais, e usar técnicas da culinária para aproveitar o máximo de cada ingrediente.

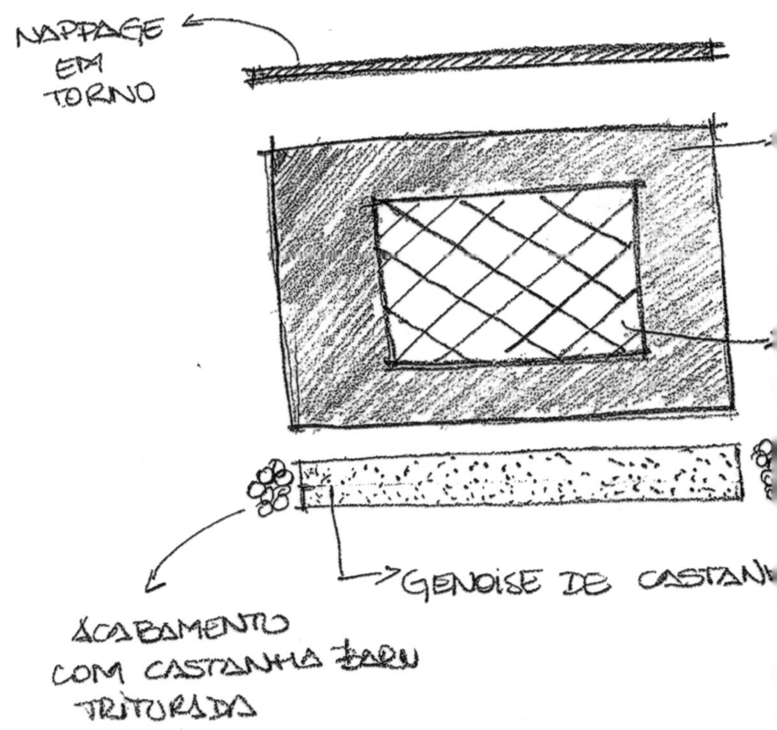

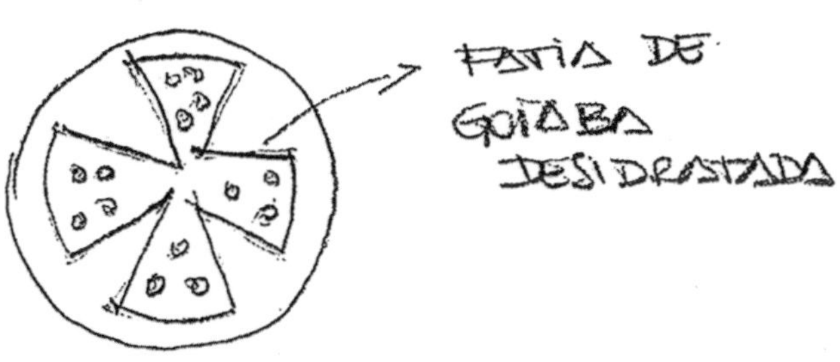

Com esse conceito, foram surgindo os primeiros doces autorais da May. O quadradinho de goiaba com castanha baru (aqui do cerrado), a tortinha de manga com coco, as famosas madeleines de limão-taiti (que até hoje servimos aos sábados em nossa loja), o brownie de chocolate com esferas de açaí, geleias inusitadas, como a de cajá com açafrão, e até um pão de queijo feito na hora que sempre acompanhou meu café da manhã nos fins de semana. Aqui na loja sempre foi comum aparecer capim limão, castanhas, hortelã, cachaça em algum doce; a cada viagem pelo Brasil a May chegava com algo novo e amigos que vinham nos visitar traziam frutas ou temperos regionais. Tivemos doce de butiá diretamente do sul do país, o cumaru que sempre esteve em nossa cozinha começou em um fraisier de morango (montagem típica francesa com morangos e, por aqui, um creme com cumaru).

Claro, nossos queridos macarons já faziam parte do cardápio, todo dia em um canto perto do caixa. As pessoas descobriam esse docinho que era pouco conhecido por aqui e sempre nos olhavam com uma cara de surpresa depois da primeira mordida, entusiasmadas com esse docinho ao mesmo tempo crocante e macio, com um recheio cremoso e leve. Assim como hoje, já eram feitos de farinha de castanha-de-caju (na França, o macaron é feito com farinha de amêndoa) e, claro, com sabores brasileiros, como manga e paçoca – uma pasta de amendoim feita aqui em nossa cozinha, que na época contava com a May e mais duas funcionárias.

“

Na França, os doces com framboesas aparecem na época de framboesas; os de castanhas portuguesas estão presentes no inverno. Respeitar a sazonalidade traz para a mesa o melhor de cada ingrediente.

Mais para a frente vou contar os detalhes, mas em nossa loja já fizemos macaron com farinha de castanha-do-Brasil e farinha de amendoim, fica incrível e cada uma delas traz um sabor diferente e único.

Nossa pequena fábrica de doces ficava a quatro casas da atual loja, na Al. Campinas, 1049, no bairro dos Jardins, em São Paulo. Contava com um pequeno espaço para um café, 4 mesas altas, uma boa cozinha e duas salas de escritório. Ficamos naquele local por 7 anos e até hoje usamos o mesmo forno; a batedeira de então só se aposentou há pouco, em 2021, e nosso conceito inicial, nosso jeito de fazer e ser doce, continua o mesmo.

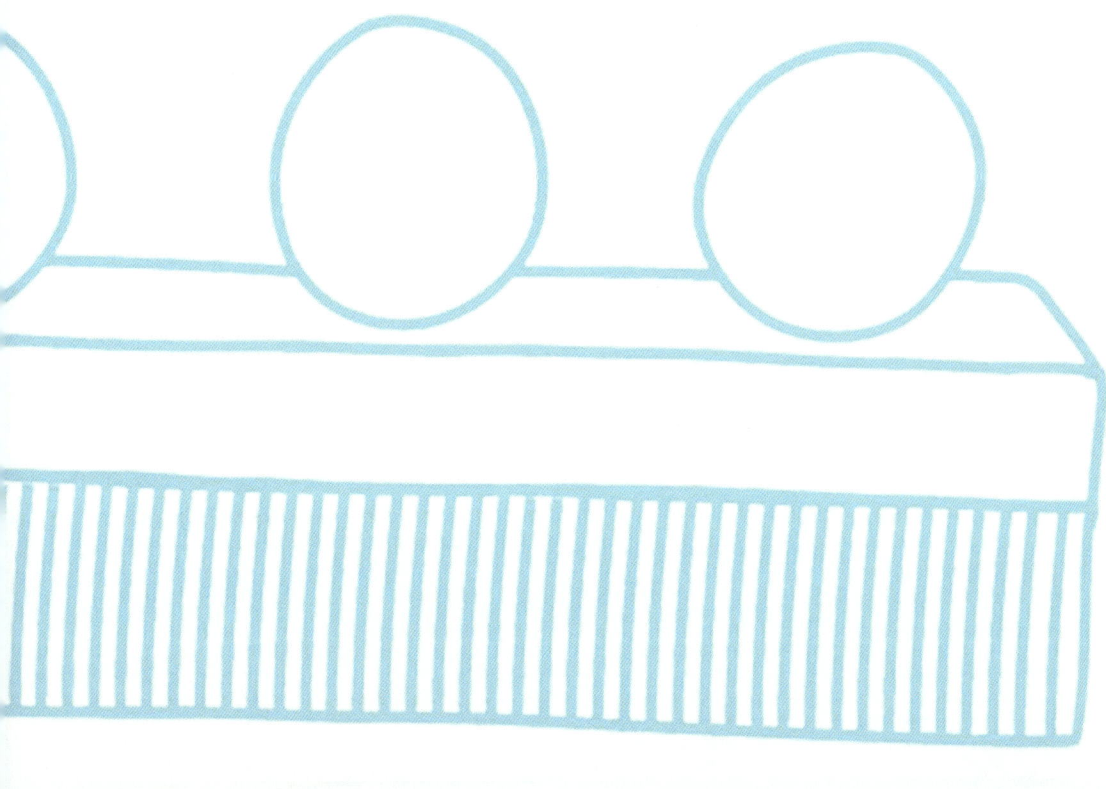

“

Para comemorar os 10 anos da nossa empresa, durante um ano, a cada mês transformamos as tortinhas de macarons em releituras de um dos doces que fazíamos naquela época! Foi um jeito de matar as saudades e apresentar um pouquinho de como começamos.

A PRIMEIRA FESTA DE CORES E SABORES

Ter uma linha grande de doces gostosos, com uma loja em São Paulo, é algo delicioso, e pode ser muito gratificante para uma chef pâtissière. Mas o lado empreendedor da May começou a ver um movimento diferente em nossa loja: foram surgindo ideias, foi se formando uma missão nova na cabeça dela e surgiu uma oportunidade que não poderíamos deixar passar. Todos os nossos clientes voltavam procurando nossos macarons, fosse para experimentar esse docinho desconhecido, fosse para sentar e comer com um café. Assim, conquistaram um lugar de destaque maior em nossa vitrine e fomos pensando em mais sabores e mais cores.

Naquele momento estavam na moda as feiras de casamento em São Paulo. Era um mercado muito próspero e a May Pâtissière foi convidada para participar com seus doces de uma edição da feira Wedding Outlet. Em vez de levar toda a nossa linha, mandamos fazer uma plaquinha em acrílico dizendo "May Macarons" (que até hoje está em nossa loja, atrás do balcão, e já visitou inúmeras feiras e eventos) e fizemos um pequeno stand só de macarons. Lá fomos nós dois passar o fim de semana falando com noivas e conhecendo muitos fornecedores de eventos. Já existiam pessoas que vendiam macarons, mas ninguém tinha uma marca especializada, que só fizesse isso.

Voltamos da feira animados. Tínhamos mais pedidos de macarons que em um mês de loja e começamos a entender que nosso produto era realmente especial. A May, sempre pensando fora da caixinha, topava todos os desafios na cozinha: aqui, você pode fazer a combinação que quiser de cor e sabor do macaron, segundo nosso catálogo (hoje são 30 cores e 18 sabores que podem ser combinados de 16.200 maneiras diferentes), tudo pensado para atender a qualquer tipo de evento.

Durante seis meses, continuamos a investir no mercado de festas e eventos, mantendo a loja em paralelo. Quando chegou o fim do ano, os macarons já tomavam conta da nossa loja, junto com algumas outras tortas e bolos, e aquele foi o ultimo Natal da May Pâtissière. Aqui, a gente costuma dizer que só sobrevivemos às Festas porque sabemos que depois delas vêm as férias. Naquele ano, quando voltamos do descanso, "viramos" a May Macarons, com uma reestruturação de produção, fornecedores, embalagens e comunicação. Já éramos apaixonados pelo docinho francês e nossa missão virou fazer o brasileiro conhecê-lo e prová-lo; mostrar o quanto ele tem a ver com nosso povo; buscar as cores, frutas e castanhas do nosso país e espalhar macarons por todo Brasil.

> *Estamos no coração de São Paulo e perdi a conta de quantas pessoas entravam na nossa loja pensando que pâtissière era de pastas e macaron era com molho de tomate.*

MUITO MAIS QUE SÓ UM DOCE

Pode parecer que foi uma mudança de 180 graus, mas a verdade é que os macarons já estavam presentes em nosso dia a dia. Eles nos conquistaram pelas beiradas e, quando vimos, estávamos estudando constantemente receitas e modos de preparo, levantando referências de todos os lugares, sites, grandes chefs. A May logo estava alterando e melhorando sua receita, produção, balanceando melhor os recheios e usando toda a criatividade que tinha nos doces para fazer o melhor macaron.

Quem segue nossas mídias sociais vê a quantidade de personalizações de hoje, formatos, escritas, desenhos... temos duas impressoras especiais para macarons em operação, mas a verdade é que tudo começou à mão, fazendo experiências, criando formatos e ampliando o mundo dos macarons. A cada cliente que liga com um tema diferente, vamos buscar referências de cupcakes, bolos de festa, encontrar a inspiração para transformar o macaron em flamingos, água de coco, unicórnios, rodas de carro, Minions e Hello Kitties.

Nunca tivemos barreiras para atender a projetos novos e dávamos um jeito de pôr em prática todas as invenções de clientes. Se, hoje, a May sabe tudo de macaron, é porque nunca acreditamos em desenvolver uma receita e simplesmente repeti-la todo dia: fazemos alterações semestrais nos macarons e, sempre que possível, tentamos coisas novas no dia a dia.

Nós cumprimos a missão à risca, participamos de mais feiras e eventos do que consigo lembrar. Levávamos perto de mil macarons por feira para as pessoas degustarem e oferecemos mais de 70 mil unidades durante estes anos todos. Hoje, temos clientes em muitas cidades de todos os estados brasileiros. Desenvolvemos nossa própria torre de macarons para pôr nas mesas de festas, criamos embalagens para empresas, gifts corporativos. Fazíamos um só doce, mas de tantas maneiras diferentes que nunca se tornou algo monótono e cansativo.

> *"No começo, uma das nossas caixinhas mais vendidas era um pedido de padrinhos de casamento. Para fazê-la à mão, chamei minha irmã. Ela estudou caligrafia e, usando corantes comestíveis,- deu um curso de caligrafia com pincel para nossa equipe. Durante muito tempo, vinha semanalmente nos ajudar a personalizar e inclusive desenvolvemos, juntas, muitas pinturas e aquarelas para clientes.*

ALÉM DOS MACARONS

Para um negócio se sustentar, não basta cozinhar bem e ter um produto bom. Por sinal, acredito que, ao entrar na nossa loja, o mínimo que você poderia esperar é comer um bom macaron: nossas marcas sempre foram pensadas muito além disso e envolvem disposição da loja, facilidade de acesso e treinamento de toda a nossa equipe. Ao entrar na May, seu caminho é sempre livre até o balcão, onde você consegue ver todos os sabores e caixinhas. Após o atendimento, você pode dar uma espiada na cozinha inteira envidraçada enquanto toma um café em uma de nossas mesas-balcão. Todas as embalagens foram desenvolvidas especialmente para nós, pensando no transporte, na experiência ao abrir, na facilidade de identificar cada sabor, nas opções variadas de presentes para cada ocasião.

Como nada se constrói sozinho e ninguém nasce sabendo, sempre investimos nos nossos funcionários. Gostamos de poder dizer que temos uma cozinha-escola (até porque nunca contratamos alguém que já soubesse fazer macarons) e também nos mantemos muito próximos da nossa equipe comercial, dando suporte e direcionando o atendimento. Aprendemos que os erros fazem parte do dia a dia, mas que a nossa capacidade de os corrigir rápida e honestamente é que faz toda a diferença. Fazemos questão de que a comunicação com nossos clientes seja transparente em todo o processo de atendimento, inclusive nos preços, que são tabelados por quantidade, sem distinção por tipo cliente, evento, etc.

Nossas embalagens muitas vezes vêm em partes separadas e de dois ou três fornecedores diferentes. Lançamos em 2020 a caixa torre, foram 4 reuniões de algumas horas para chegar no protótipo. Como se deu com muitas das nossas embalagens, nós a desenhamos aqui no escritório e contamos com nossos parceiros para torna-la possível. Eu e o Fábio participamos ativamente da criação, do design e do desenvolvimento, com o cliente em mente para cada detalhe.

> “
>
> *Durante todo o ano de 2021, fizemos uma ação que amei para nosso sabor especial do mês: convidamos chefs incríveis e marcas que admiramos para desenvolver um sabor de macaron, e cada mês foi mais saboroso. Mica os transformou em bombom, o Nelson do The King Cake fez um recheio dos mais vendidos, teve sabor café Anacá e dia das crianças com balas da Papabubble. Aprendi muito com todos eles.*

Aqui na May, quando falamos em parceiros, é porque acreditamos que tudo que fazemos é uma via de mão dupla: trazemos para perto nossos fornecedores, buscamos pessoas que sigam uma linha de pensamento parecida com a nossa, que tenham um objetivo maior do que simplesmente nos ter como clientes ou vice-versa, sempre respeitando o trabalho de cada um. É nesse sentido que a May sempre foi aberta a divulgar e falar amplamente desses parceiros, já que, para a gente crescer, vamos precisar que eles nos acompanhem. Também não é difícil você ver nossa chef aqui na loja ligando para alguém do mercado de doces e conversando sobre alguma dificuldade que estamos enfrentando no momento, ou pedindo indicações de alguma máquina que queremos ter na loja. Encaramos a concorrência como algo saudável e acreditamos que o mercado tem espaço para todos.

Essa é uma das respostas que damos quando alguém nos questiona: “como assim, vocês dão curso de macaron, criando concorrência”? A May tem não um, mas dois cursos – um online e outro presencial – todo mês aqui na loja, além de ser uma das professoras do curso de gastronomia da Addolcire, que é super-completo e conta com um time de profissionais selecionado.

Nossa forma de encarar tanto os concorrentes quanto nossos fornecedores é bem característica, crescemos fortalecendo relações e buscando empresas que desenvolvam nosso país, valorizem pessoas e pensem sempre no longo prazo, em crescer juntos. Gostamos de conhecer o projeto de cada uma das nossas marcas parceiras, das máquinas até os insumos que utilizamos em nossas receitas. Isso, além de melhorar o relacionamento, engrandece nosso jeito de trabalhar e nosso conhecimento de produtos que o País tem e que não imaginávamos.

Todos os nossos macarons são feitos e recheados com produtos naturais: não utilizamos nenhum tipo de pasta pronta, nem produtos pré-processados. O de champanhe é feito com o próprio espumante, nosso sabor de cereja tem a própria fruta no meio e sua calda. Também aprendemos que existem favas de baunilha que crescem no nosso cerrado e tivemos uma aula com o pessoal da Baunilhas.com. Trouxemos para nossa loja os chocolates da Luiza Abram, muito utilizados nos nossos recheios e na nossa linha sem leite, feitos com o cacau selvagem que cresce nas margens dos rios da Amazônia e envolvendo um trabalho lindo com as comunidades ribeirinhas locais.

Nossa filosofia original de utilizar produtos brasileiros e explorar os sabores e o colorido do nosso país se manteve presente em toda a nossa trajetória e é até hoje uma das diretrizes das nossas receitas, está estampado em nossa fachada, no colorido das embalagens. Adoramos fazer as torres de macarons em degradé, um sucesso nas mesas de casamentos. Nossa vitrine, por si só, já é uma decoração de festa – por aqui, quanto mais colorido melhor.

> *Para quem não sabe, macarons não têm glúten (nossa cozinha não é controlada, mas na receita não vai nenhum ingrediente com glúten) e aqui na May criei alguns sabores que são 100% sem leite, alguns deles com o chocolate amargo incrível da Luiza: chocolate 70%, frutas vermelhas e maracujá com chocolate. São sabores que temos todo dia em nossa loja!*

MIEL

Ao entrar na May Macarons você logo vê uma caixinha de abelhas e umas embalagens escritas Miel. Em cima da vitrine, dentro de uma caixa de acrílico, encontra quadradinhos cobertos de chocolate, nossos pães de mel. É a Segunda marca "BY MAY", também especializada em um único produto, com equipe própria e todo um trabalho diferente da May Macarons, apesar de seguir os mesmos conceitos.

Nossos pães de mel não são recheados: fazemos um bolo de mel e especiarias; mergulhamos em uma calda que pode ser de mel, mel com vinho do porto, ou mel com gengibre; e banhamos nos chocolates da Luiza.

O primeiro evento da MIEL PÃES DE MEL BY MAY foi em 2016, na mesa de doces do nosso casamento, apesar de só termos lançado a marca quase um ano depois, em julho de 2017. Para a festa, não achamos um fornecedor que fizesse os pães de mel como queríamos e a May tinha uma ótima receita que fazia parte de um doce da May Pâtissière. Por fim, fizemos os docinhos, que foram sucesso absoluto.

> *Foi por causa dos pães de mel que conhecemos o trabalho da Mbee, que nos mostrou mais de 20 meles de abelhas nativas do nosso país. Um deles virou um sabor de Macaron especial do mês, outro projeto que mantemos perto de nós que busca desenvolver e mostrar para as pessoas as mais de 300 abelhas nativas e sem ferrão do Brasil. É deles o mel que está em nosso pão de mel.*

10 ANOS + 10 ANOS

Foram dez anos desde que a May começou esse projeto de vida. Tivemos grandes pessoas perto de nós que fizeram toda diferença nessa trilha. Nossa equipe, que era de três pessoas, agora tem 25; hoje, pedimos a cada mês 350kg de açúcar e Glaçúcar e quase 120kg de farinha de castanha de caju. Não paramos de desenvolver produtos que sejam feitos ou derivados dos macarons como nosso petit may, as tortinhas de macarons e os macarons bites, perfeitos para um café. Atendemos festas de casamento, 15 anos, batizados e aniversários toda semana, temos criado produtos para todas as datas festivas do ano e fazemos de tudo para atender nossos clientes em todos esses momentos.

Nosso projeto continua, a missão de levar os macarons para todo Brasil e trazer esse doce como nosso não acaba nesses dez anos. A May Macarons continua com o objetivo de mostrar que a cozinha francesa e a brasileira podem se fundir e trazer algo que engrandece o mundo da gastronomia, com a certeza de ter muitos sabores ainda para explorar e de que parar de estudar e de criar não é uma opção.

> *Adoramos fazer parte da rotina dos nossos clientes, seja para o café na loja ou para o docinho diário. Também temos famílias que começamos a atender no chá bar do casamento e já estamos na festa de dois anos do segundo filho… É muito gostoso poder participar de tantos momentos felizes, uma das melhores partes de se trabalhar com doce! Sempre são momentos especiais.*

INTRODUÇÃO A RECEITA

E ai?
Vamos entrar na cozinha?

Sei que todos tem muitas dúvidas com relação ao preparo dos macarons. Tem que secar a farinha? Devo esperar secar antes de assar? Qual merengue é o melhor?

Nesse passo a passo vou dar todas as minhas dicas, adquiridas em uma década de trabalho!

QUAL FARINHA ESCOLHER?

O macaron francês tradicional é feito com farinha de amêndoas e um merengue a base de claras e açúcar. A farinha de amêndoas é uma boa opção, além de ser tradicional, ela também é bem clarinha e é menos oleosa que as castanhas brasileiras. Quando voltei da França minha ideia sempre foi aplicar as técnicas da confeitaria francesa que eu tinha aprendido usando os ingredientes brasileiros, com isso comecei a testar outras farinhas como a de caju e a do Brasil, no final acabei gostando muito mais das nossas castanhas exatamente porque o óleo delas da uma maciez a mais nas coques, além do sabor um pouco diferente.

SECAR OU NÃO SECAR A FARINHA?

Aqui na May nós não secamos a farinha de castanha de caju, apenas peneiramos e usamos. O maior problema de grande parte das farinhas é a oleosidade e não a umidade. Quando colocamos no forno o que vai evaporar é a umidade, a oleosidade vai permanecer igual. Infelizmente não existe nenhuma maneira de tirar a oleosidade de uma farinha e por isso é importante escolher uma de ótima qualidade.

UTENSÍLIOS

Os utensílios que vamos utilizar durante todo o processo devem estar bem limpos, sem vestígio de gordura e sem umidade, se possível lave todos no dia anterior para que sequem bem em temperatura ambiente até o dia seguinte.

LEMBRE-SE: o maior inimigo da sua massa é a água.

CORANTES

Nunca, em hipótese alguma utilizar corante líquido, sempre corante em gel ou em pó. Preferencialmente em pó. O ideal é sempre colocar o corante junto com as claras 1 e fazer o merengue já colorido. A cor ficará mais uniforme e bonita. Caso não dê para fazer o merengue colorido ou caso queira dividir a receita em mais de uma cor, faça o merengue branco e misture o corante nas claras 2 como mostrado no passo a passo.

IMPORTANTE! Independente em qual clara você adicionar seu corante, sempre dissolva o corante na clara, 1 ou 2. Caso contrário o macaron ficará manchado.

POSSO USAR PAPEL MANTEIGA OU TAPETE DE SILICONE?

Aqui na May usamos folha de teflon para assar nossos macarons pois é uma opção não muito cara e que dá um resultado muito interessante. Ela pode ser reaproveitada muitas vezes (aqui uma folha dura 2 anos por exemplo) e realmente os macarons não grudam, outra opção que temos no nosso mercado é o papel antiaderente para cozinha, funciona muito parecido as folhas de teflon.

Infelizmente o papel manteiga encontrado no Brasil não funciona, os macarons ficam totalmente grudados ao papel.

Já o tapete de silicone pode ser usado mas não é minha opção preferida pois além de ser caro é muito grosso, com isso temos mais dificuldade na hora de assar, a parte externa fica no ponto mas a parte interna fica muito mole e temos dificuldade em desenformar, para utiliza-los é necessário um ajuste na secagem e forno.

UTENSÍLIOS

BOWL DE INOX OU VIDRO
PENEIRA
PANELA PEQUENA
POTES
ARO PARA MARCAÇÃO
ESPÁTULAS
BALANÇA DIGITAL

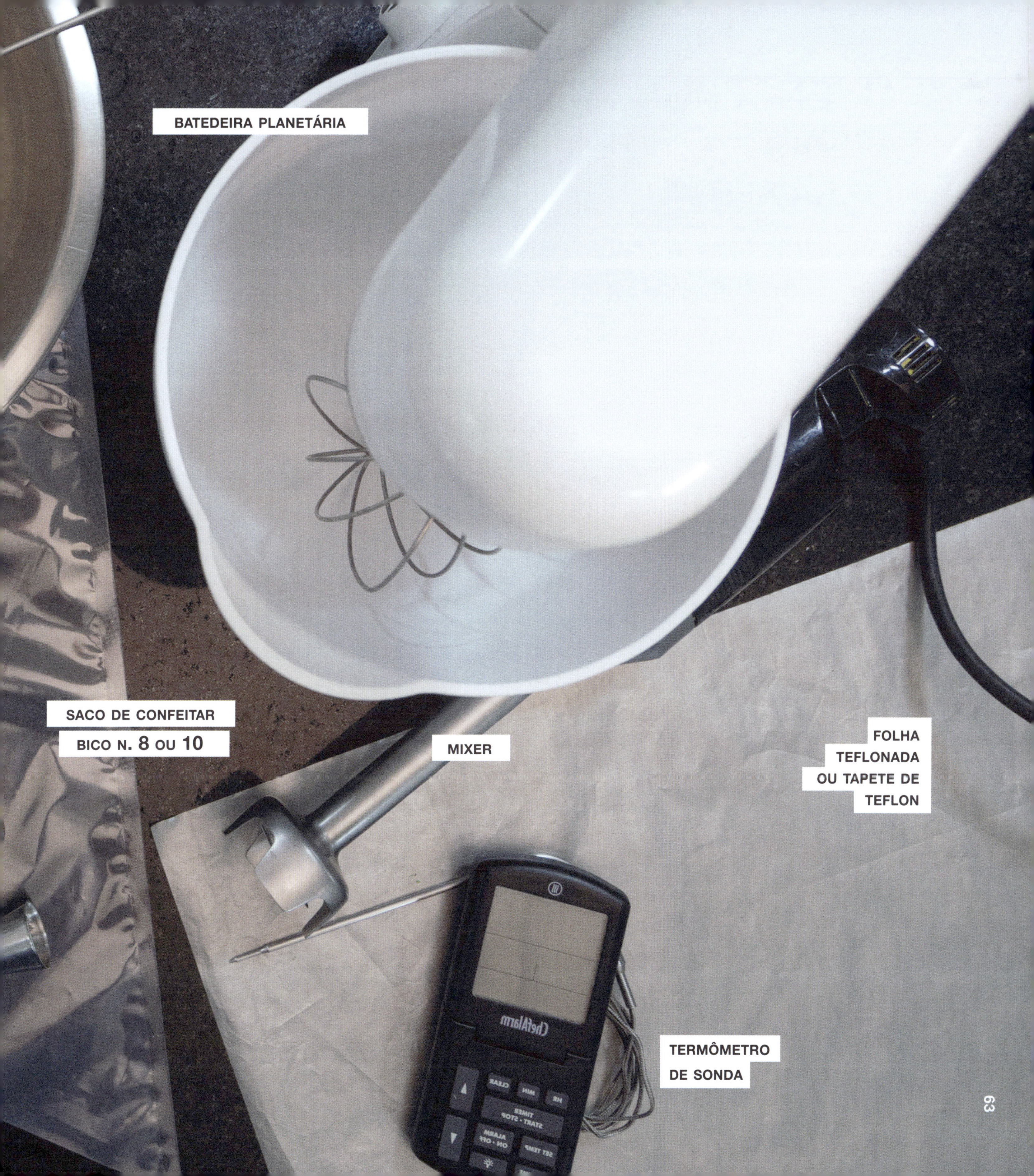
BATEDEIRA PLANETÁRIA
SACO DE CONFEITAR
BICO N. 8 OU 10
MIXER
FOLHA TEFLONADA OU TAPETE DE TEFLON
TERMÔMETRO DE SONDA

FAZENDO NOSSA FESTA DE CORES

Os macarons podem ser feitos nas mais diversas cores e nos mais diversos sabores. Com base no círculo cromático, essa pesquisa é quase um retorno às aulas de artes do colégio e as brincadeiras de infância, quando combinávamos cores para ver o resultado final.

Tiffany 4g de azul 3g de verde 7g de dióxido de titânio

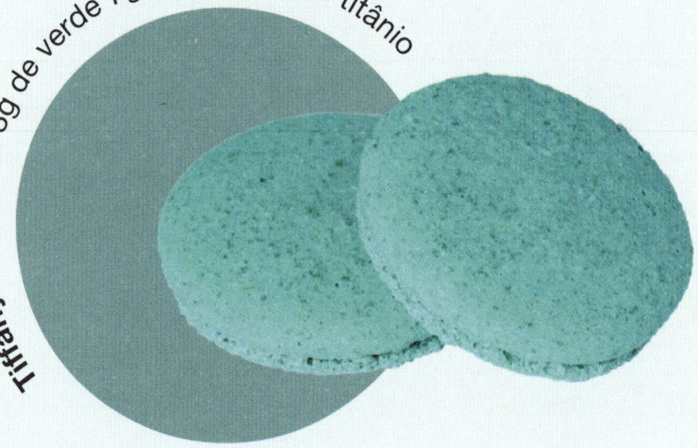

Azul 5g de azul

Marrom 2,5g de marrom

Grafite 20g de preto

Amarelo 5g de amarelo

Vermelho 16g de vermelho 5g de amarelo

Lilas 3g de roxo 7g de dióxido de titânio

Bordô 24g de bordô 0,6g de marrom

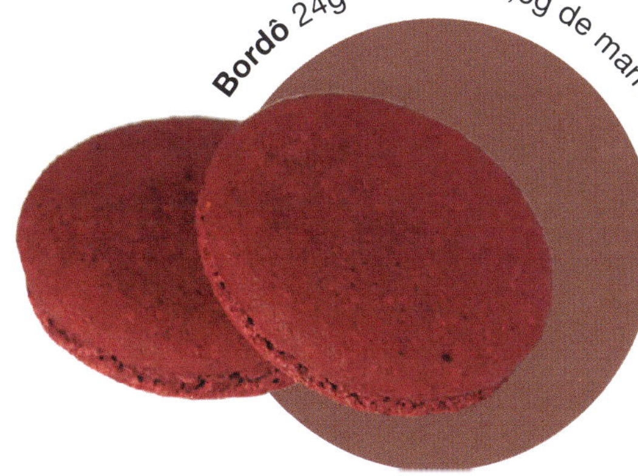

Verde 2g de verde (hortelã) 3g de amarelo

Rosa claro 0,5g de vermelho

COQUE: PASSO A PASSO

TEMPO DE PREPARO: 28h

RENDIMENTO: 60 PARES

INGREDIENTES

250 g de açúcar refinado União
70 g de água
110 g de clara líquida (pesagem n.1)
110 g de clara líquida (pesagem n.2)
250 g de farinha de castanha de caju
250g de União Glaçúcar

PREPARO

1. Separar as claras das gemas com pelo menos 24h de antecedência (aqui na loja separamos de 3 a 5 dias antes de usá-las).

Abra os ovos um a um e vá pesando as claras, até obter a quantidade total necessária para a receita. Conserve as claras na geladeira cobertas com papel filme e faça alguns furinhos para que um pouco de água possa evaporar. Assim as claras ficam com um teor um pouco maior de proteína, o que vai garantir um merengue mais estável.

DICA: Guarde suas gemas, que ao final do livro teremos uma receita extra para não desperdiçá-las!

2. Pese a farinha de castanha e o União Glaçúcar em um bowl, misture os dois ingredientes e peneire-os para que fique uma mistura bem fininha e homogênea.

3. Você já separou a quantidade total necessária de claras; então agora você deverá separar a quantidade de claras n.1 e n.2. A pesagem n.1 você pode colocar direto no bowl da batedeira (que deve estar bem limpo e seco).
A quantidade n.2 você pode deixar em um recipiente à parte.

4. Pese a quantidade de corante desejada para à sua receita, misture a pesagem de claras n.2 e reserve.

5. Pese o açúcar refinado União e a água em uma panela, misture bem. Depois dessa etapa, não mexa mais sua calda, para que ela não cristalize. Leve ao fogo médio com o termômetro, para ir verificando a temperatura. Quando começar a ferver, limpe as bordas da panela com um pincel molhado. Isso também evitará que sua calda cristalize.

6. Quando sua calda estiver a 110°C comece a bater as claras n.1 que já estava no bowl da batedeira até chegarem em ponto de neve (bater em velocidade alta) sempre acompanhando a temperatura da calda.

7. Quando a calda estiver a 118°, retire do fogo. Suas claras devem estar chegando no ponto de neve. Abaixe um pouco a velocidade da batedeira e vá despejando a calda de açúcar, em fio, sobre as claras.

ATENÇÃO: As claras devem estar em ponto de neve. Se estiverem apenas espumando, não vai dar certo: aguarde mais um minutinho, para chegue ao ponto de neve, antes de começar a verter a calda.

8. Quando terminar de despejar toda a calda, aumente novamente a velocidade da batedeira e continue batendo até que o merengue atinja 50°C. Ele deve estar firme, brilhante, lisinho e bem branquinho.

DICA: 10 minutos depois de despejar a calda, vá parando a batedeira e medindo a temperatura, de vez em quando, até atingir a temperatura correta.

9. Misture a pesagem de claras n.2, que já está com o corante, com a mistura de farinha e União Glaçúcar.

10. Adicione metade do merengue ao bowl de farinha e misture com uma espátula, mexendo de baixo para cima, sempre devagar, de forma a não bater o merengue, garantindo que não fique farinha grudada no fundo do bowl.

11. Quando estiver homogêneo misture a outra metade do merengue. Mexa de baixo para cima, com delicadeza, tomando cuidado para que as duas partes se misturem bem.

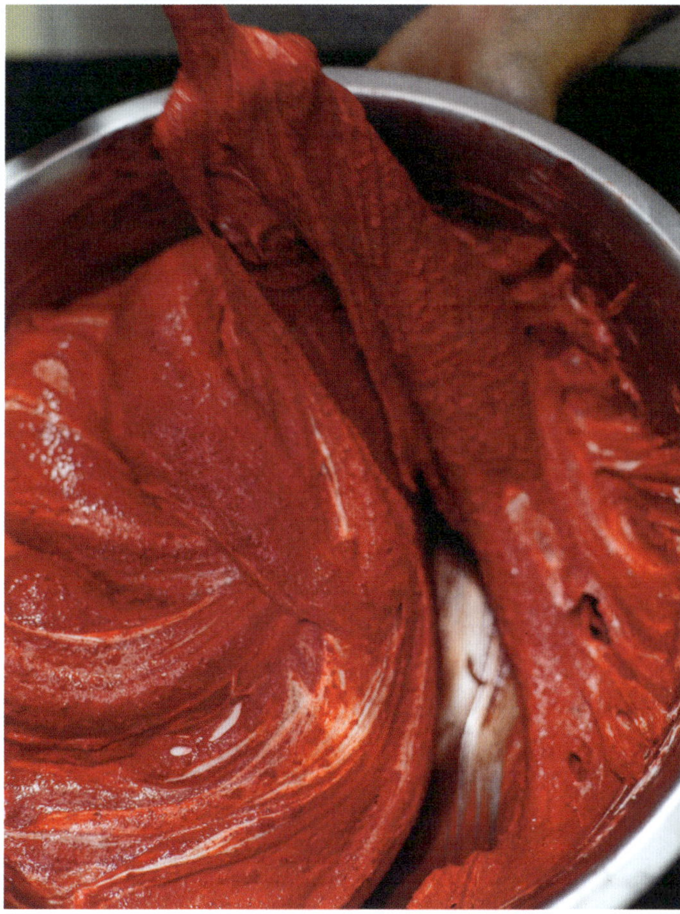

12. Nesse momento, devemos misturar a massa até que esteja macia.

ATENÇÃO: Mexa devagar. Se exagerar, a massa ficará mole e perderá o ponto. Queremos que ela fique macia, mas não líquida. Chamamos isso de ponto de fita.

13. Colocar a massa em um saco de confeitar, com bico n.10. Preencher apenas metade do saco, para facilitar o manuseio.

14. DICA: Para facilitar pingar os macarons todos do mesmo tamanho, marcar o tapete de teflon com a própria massa e um cortador, ou com o bico de confeitar, usado ao contrário, marcando o tamanho desejado.

15. Pingar os macarons sobre a folha de teflon, mantendo o saco de confeitar sempre bem na vertical.

16. Levantar a assadeira e dar batidinhas sobre a mesa forrada com um pano de prato. Isso vai fazer com que as bolinhas de ar subam à superfície e vai deixá-los mais planos. Bata somente até que atinjam o tamanho desejado.

17. Deixa os macarons secarem, à temperatura ambiente, por volta de duas horas. Quando encostar o dedo sobre as coques, os macarons devem estar bem sequinhos, durinhos, sem grudar em seu dedo.

18. Pré-aquecer o forno a 120°C (de médio para baixo). Quando estiver na temperatura, colocar as assadeiras no forno e deixar assar por 4 minutos.

19. Ao final dos 4 minutos abra a porta do forno para sair o vapor e feche novamente. Abaixe o forno para 95°C (forno baixo) e deixe assar mais 4 minutos.

20. Ao final dos 4 minutos, abra a porta do forno para sair o vapor e feche novamente. Deixe assar mais 4 minutos, retire os macarons do forno e deixe esfriar.

21. Quando os macarons estiverem totalmente frios, retire da folha de teflon, pressionando por baixo. Nunca puxe o macaron da folha: se você puxar, uma parte pode grudar no tapete. Nosso macaron é bem macio e molinho. Se você preferir um macaron mais sequinho, pode deixar assar por mais 4 minutos a 95°C.

22. As coques podem ser guardadas na geladeira já recheadas ou sem o recheio, como preferir. Elas podem também ser congeladas nessa etapa. lembre sempre que o mais importante é embalá-las muito bem para que a umidade da geladeira ou do freezer não as umedeça.

RECHEIOS

Aqui na May, damos preferência aos recheios à base de ganaches ou geleias (frequentemente, uma combinação dos dois). Nossa maior preocupação é usar sempre ingredientes naturais, frescos e de qualidade, sem uso de produtos prontos ou aromatizantes artificiais.

A seguir, vamos mostrar como fazer sua própria pasta de amendoim, infusão de baunilha, pasta de pistache e outros recheios. Qualquer que seja a receita escolhida para preparar, capriche na escolha dos seus produtos.

As ganaches são emulsões cremosas que combinam uma gordura com um líquido. Como verão, em nossas receitas podemos utilizar sucos, leite, água ou bebidas alcoólicas, além de todos os tipos de chocolate. Uma dica é sempre misturar bem a sua ganache na finalização – ainda melhor se tiver um mixer – porque isso vai dar mais estabilidade, cremosidade e brilho ao seu recheio.

Além dessas bases, é comum no Brasil encontrar macarons recheados com creme manteiga, brigadeiro ou doce de leite. Mas esses recheios não serão o foco neste livro.

DERRETENDO O CHOCOLATE PARA GANACHE

Utilizamos essa base – que pode ser executada sempre da mesma forma, com qualquer tipo de chocolate – em muitos dos nossos recheios.

Pegue seu termômetro e, em um recipiente, derreta o chocolate escolhido em banho-maria junto com a quantidade de manteiga de cacau indicada na receita até atingirem 40°C, mexendo constantemente para garantir que a mistura fique totalmente homogênea. Esse processo também pode ser feito micro-ondas, mas tome cuidado para não queimar o chocolate: aqueça a intervalos curtos (de 10 a 15 segundos), retire, mexa bem e devolva ao micro-ondas, tomando a temperatura a cada vez até atingir os 40°C. É importante que a mistura fique bem homogênea e não aqueça muito mais do que o indicado.

O chocolate derretido com a manteiga de cacau será muito utilizado nas nossas ganaches. Na nossa cozinha, na maioria das vezes, escolhemos o branco por ser mais neutro e dar uma textura mais cremosa (procure marcas que utilizem somente manteiga de cacau no chocolate), mas também temos receitas com chocolate intenso ou ao leite, e até criamos algumas que usam o chocolate rubi.

Ao fim de toda ganache, cubra bem e leve à geladeira até a hora de rechear seus macarons. Se possível, deixe a ganache descansar por pelo menos 12 horas para que estabilize.

COMO RECHEAR SEUS MACARONS: PASSO A PASSO

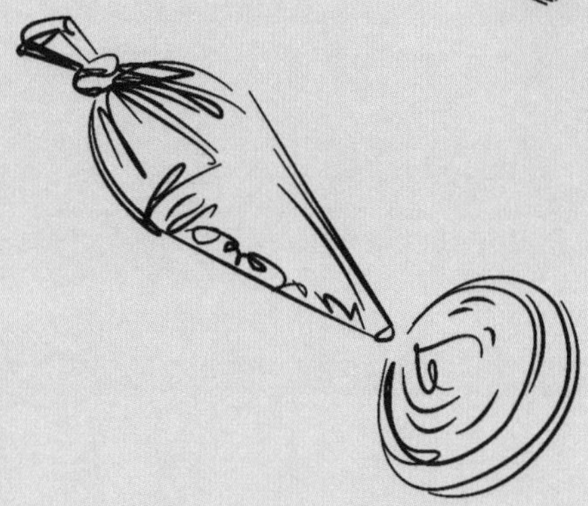

1. Deixe os sacos de confeitar 15 minutos fora da geladeira para que os recheios voltem à temperatura ambiente e fiquem mais macios e fáceis de manusear.

2. Corte o bico dos saquinhos um dedo acima da ponta (cuidado para não apertar e derrubar o recheio)

3. Você pode rechear os macarons utilizando só um sabor de recheio ou temos a opção de rechear os macarons combinando os dois recheios. Fica uma delícia.... É só fazer uma meia lua com o primeiro recheio, preenchendo metade de uma casquinha e depois fazer outra meia lua ao lado com o outro recheio.

4. Agora é só fechar os macarons com seus pares, apertando com a palma da mão, delicadamente, para não quebrarem!

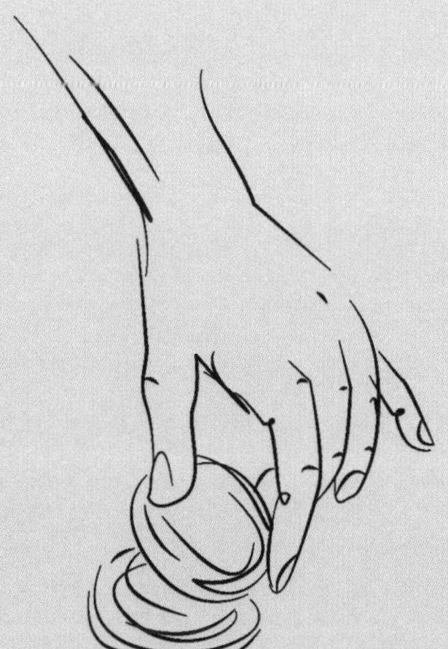

BAUNILHA

Um dos queridinhos da loja, nosso macaron de baunilha é feito com a própria fava, o que lhe dá mais delicadeza e sabor. A base do recheio é feita com chocolate branco, que dá à ganache uma textura mais aveludada.

Você sabia que as diferentes favas de baunilhas podem trazer aromas e concentrações de sabor variados? O legal é testar e descobrir aquela de que você mais gosta!

Quem quiser testar algo diferente, pode substituir a baunilha pela semente de cumaru (fava tonka) , usando meia semente ralada.

INGREDIENTES

100 g de creme de leite fresco
70 g de leite
40 g de xarope de glucose branca
1 fava de baunilha (média)
390 g de chocolate branco picado
50 g de manteiga de cacau

PREPARO

Comece misturando o creme de leite e o leite em uma panela e adicionando a glucose. Abra a fava de baunilha em um corte longitudinal, raspe bem a baunilha de dentro e adicione à panela (mesmo depois de raspada, pode deixar a parte externa da fava inteira na mistura, para aproveitar mais ainda o seu sabor, sem esquecer de retirá-la no fim do preparo). Levar ao fogo. Assim que levantar fervura, retire do calor, cubra (podemos utilizar a tampa da panela ou até um filme de PVC) e deixe em infusão por 30 minutos.

Passados 30 minutos, prepare a mistura de chocolate derretido e manteiga de cacau, como ensinado na página 90.

Feito isso, meça a temperatura da infusão e, se necessário, aqueça novamente até atingir os mesmos 40°C do chocolate (não se esqueça de tirar a fava de baunilha!).

Com os dois preparos a temperaturas próximas, misture-os até obter um creme homogêneo. Se tiver um mixer pode usá-lo.

BANANA CARAMELADA

Caramelo é um dos mais tradicionais recheios de macaron na França, sempre levado muito a sério, e inclusive com lojas dedicadas só a esse docinho.

Nesta receita adicionamos uma pitada de Brasil, que vai trazer um sabor especial ao nosso recheio.

INGREDIENTES

100 g de banana amassada
3 g de canela em pó
40 g de água
80 g de creme de leite fresco
130 g de açúcar refinado União
3 g de sal
440 g de chocolate branco picado
40 g de manteiga

PREPARO

Aqueça em um panela o creme de leite e a canela até levantar fervura e reserve.

Coloque em outra panela a água e o açúcar e leve ao fogo baixo sempre mexendo até virar um caramelo (mais ou menos 175 graus).

Quando estiver dourado adicione a banana, misture e acrescente aos poucos o creme de leite com canela. (Tome bastante cuidado para não se queimar nessa etapa, pois o vapor estará muito quente).

Misture até que esteja bem homogêneo e retire do fogo, adicione o sal e a manteiga misture e reserve até que atinja 40°C.

Enquanto espera derreta o chocolate até 40°C, adicione o caramelo e misture-os até obter um creme homogêneo. Se tiver um mixer pode usá-lo.

ROMEU E JULIETA

Aquela inspiração roubada de Minas Gerais. Um sabor que você não vai achar em Paris mas faz parte de nosso cardápio desde o começo, inspirado no doce de compota de goiaba com castanha baru e creme de mascarpone que era sucesso na época da May Pâtissière.

Escolha sua goiabada cascão preferida e mãos à obra:

INGREDIENTES

200 g de goiabada cascão
10 g de água
35 g de creme de leite fresco
100 g de iogurte natural (capriche na escolha)
40 g de xarope de glucose branca
35 g de suco de limão
390 g de chocolate branco picado
50 g de manteiga de cacau
30 g de manteiga

PREPARO

Processe a goiabada cascão com a água (pode ser em um processador ou num liquidificador) até que vire uma pasta e reserve.

Prepare a mistura de chocolate derretido e manteiga de cacau, como ensinado na página 90.

Misture o creme de leite, a manteiga, o iogurte, a glucose e o suco de limão em uma panela. Leve ao fogo até atingir 40°C.

Com os dois preparos a temperaturas próximas, misture-os até obter um creme homogêneo. Se tiver um mixer pode usá-lo sem medo. Reserve em uma geladeira por 12h, até estabilizar.

Misture a pasta de goiabada com a ganache deixando mesclado e marmorizado, coloque no saco de confeitar e recheie seus macarons.

LARANJA COM CAPIM LIMÃO

Tentamos sempre dar um sabor e um aroma natural aos nossos recheios, por isso abusamos das infusões e frutas que temos no nosso país. Essa receita é daquelas que você já saboreia enquanto faz. Você pode criar diferentes sabores com a mesma receita: troque as ervas, a fruta e teste!

GANACHE DE CAPIM LIMÃO

1 ramo grande de capim limão picado
Raspas de 2 laranjas
95 g de creme de leite fresco
65 g de leite
40 g de xarope de glucose branca
390 g de chocolate branco picado
50 g de manteiga de cacau

PREPARO

Comece misturando o creme de leite o capim limão, o leite e a glucose em uma panela. Levar ao fogo até levantar fervura. Retire do calor, cubra (podemos utilizar a tampa da panela ou até um filme de PVC) e deixe em infusão por 30 minutos.

Passados 30 minutos, prepare a mistura de chocolate derretido e manteiga de cacau, como ensinado na página 90.

Feito isso, coe a mistura inicial para retirar o capim limão. Meça a temperatura da infusão e, se necessário, aqueça novamente até atingir os mesmos 40°C do chocolate

Com os dois preparos a temperaturas próximas, misture-os até obter um creme homogêneo. Se tiver um mixer pode usá-lo sem medo. Adicione por ultimo as raspas de laranja e misture com uma espátula.

GELEIA DE LARANJA

170 g de supreme de laranja (supreme são os gomos da laranja sem casca e sem pele)
10 g de açúcar refinado União (pesagem 1)
110 g de açúcar refinado União (pesagem 2)
4 g de pectina para doces
25 g de xarope de glucose branca
Suco de 1/4 de limão

PREPARO

Misture o açúcar 1 com a pectina, coloque em uma panela o supreme de laranja bem espremido até levantar fervura. Polvilhe a mistura de açúcar e pectina sobre a fruta sempre mexendo bem (se possível utilize um fouet). Adicione a glucose mexendo até dissolver e por fim adicione aos poucos o açúcar 2. Cozinhe a geléia até atingir 100°C e adicione o suco de limão. Cozinhe por mais 1 minuto e retire do fogo.

Reserve em um recipiente até esfriar.

Na hora de rechear, comece pela ganache de capim limão. Com um saco de confeitar faça um círculo próximo à borda da coque. Coloque no centro um pouco da geleia e feche seu macaron!

PISTACHE

O queridinho dos nossos clientes é também bem tradicional em todas lojas de macaron. Nosso recheio é feito com pistache natural e tentamos deixá-lo o mais puro possível para exaltar seu sabor. Desenvolvemos em nossa cozinha uma pasta de pistache, que será usada nesta receita.

PASTA DE PISTACHE

260 g de pistache sem casca e torrado
25 g de óleo de coco
25 g de açúcar refinado União

PREPARO

Coloque tudo no processador e bata até que vire uma pasta, o mais lisinha que for possível.

GANACHE DE PISTACHE

40 g de pasta de pistache
100 g de creme de leite fresco
70 g de leite
40 g de xarope de glucose branca
390 g de chocolate branco picado
50g de manteiga de cacau

PREPARO

Coloque em uma panela o creme de leite, o leite, a glucose e a pasta de pistache, e leve ao fogo até que atinja 40°C.

Prepare a mistura de chocolate derretido e manteiga de cacau, como ensinado na página 90.

Com os dois preparos a temperaturas próximas, misture-os até obter um creme homogêneo. Se tiver um mixer pode usá-lo sem medo. Reserve em uma geladeira por 12h até se estabilizar.

SABORES MAY 2022

chocolate

coco

s'mores

framboesa

maracujá
e chocolate 70%

cereja

laranja
com capim limão

banana
caramelizada

limão

baunilha

chocolate 70%

pistache

romeu e julieta

champagne

caramelo

frutas vermelhas

UM POUCO SOBRE AÇÚCAR

O macaron por si só é um produto sem glúten (caso não coloque algo que contenha glúten no recheio) e hoje temos diversas opções em nossa loja que também não levam leite, fazendo dele um doce que agrega muitas pessoas que tem alergias, intolerâncias ou restrições alimentares. O único ingrediente para o qual não conseguimos ainda substituto é o açúcar. Não temos em nossa loja um macaron dietético. Por isso, aproveitamos este espaço para pedir a nossa parceira União que nos conte um pouco sobre os diferentes tipos de açúcar, um produto nacional de grande importância para nosso país e que é consumido diariamente em pâtissières de todo o mundo dos jeitos mais criativos!

AÇÚCAR união

O açúcar que está presente no nosso dia a dia vai além de adoçar as receitas. A União acredita que o sabor transforma qualquer ocasião em um momento inesquecível: um cafezinho no melhor papo do dia, uma sobremesa em diversão, um bolo em um gesto de carinho. Além de adoçar, o açúcar tem muitas funções importantes, como:

CONSERVAÇÃO

Em preparações que contém muito açúcar, como geleias, compotas e caldas, pois aumentam a validade fazendo com que os micro-organismos não consegiam se reproduzir.

COR, AROMA E SABOR

Ao ser aquecido em determinadas temperaturas, chega ao processo de caramelização. Através desse processo, ele adquire pontos de calda diferentes, ainda conseguindo variação de sabor e aroma.

TEXTURA, MACIEZ E FERMENTAÇÃO

Em bolos, ele ajuda na altura, maciez e coloração. Em massas, ajuda não somente na umidade, mas também na sua crocância. Já para as preparações de massas de pães, pizzas ou bebidas fermentadas, o açúcar tem o papel muito importante de dar ao alimento o necessário para que ocorra a fermentação.

CREMOSIDADE E CONGELAMENTO

Ajuda a retardar a coagulação de algumas proteínas como as dos ovos e do leite e abaixa o ponto de congelamento da água, mantendo a cremosidade da preparação.

OS TIPOS DE AÇÚCAR

MASCAVO

É o açúcar em sua forma mais bruta, não passando pelo processo de branqueamento e cristalização. Mantém alguns nutrientes e o sabor característico da cana-de-açúcar, é mais úmido e tem coloração mais escura que os demais.

Pode ser utilizado em receitas que desejam resultados mais úmidos como bolos de frutas, pão de mel, biscoitos e cookies. Pode também adoçar bebidas e preparar receitas com perfil mais saudável por conter mais nutrientes da cana-de-açúcar.

DEMERARA

Com coloração caramelo claro e ainda com um leve sabor da cana-de-açúcar e umidade, o Açúcar Demerara já começa a passar por um processo de cristalização e uma limpeza maior dos resíduos da cana nos cristais.

ORGÂNICO

Dentro da linha de açúcares Naturais, entra o Açúcar Orgânico que é considerado um açúcar cristal, seguindo um padrão de controle específico para a não adição de aditivos químicos desde seu plantio até o seu envase.

REFINADO

Passa por um processo de clarificação e filtragem controlado. Seus cristais são menores, sem forma definida (amorfos) e apresenta uma dissolução mais rápida do que os demais. É um açúcar versátil indicado para fazer desde bolos, tortas, cremes, mousses, caldas e para adoçar bebidas.

DOÇÚCAR

O Doçúcar faz parte da linha de açúcares Culinários União. Por passar por um processo de fabricação com temperatura, purificação e cristalização controladas, resultam em cristais maiores e brilhantes, dando uma estabilidade maior na cristalização, no derretimento e conferindo um brilho único.

Ideal para o preparo de caldas, docinhos vidrados e caramelados – como a maçã do amor –, pipoca doce, quindim, marshmallow. Também pode ser utilizado para a finalização e decoração de pães antes de serem assados.

GLAÇÚCAR

Também fazendo parte da linha de Açúcares Culinários União, o Glaçúcar é derivado a partir do processo do açúcar refinado, não contendo assim adição de outros ingredientes (como o amido de milho, por exemplo). Dentro do processo de batimento e quebra dos cristais, acaba gerando um pó ultrafino, que é aspirado por máquinas, formando assim o União Glaçúcar.

Ideal para preparações delicadas como o chantilly, glacês, suspiros, macaron e finalizações rápidas.

O QUE FAZER COM AS GEMAS?

A RECEITA DO FAMOSO QUINDIM União

TEMPO DE PREPARO: 11h10min

RENDIMENTO: 20 UNIDADES

INGREDIENTES

1 pacote de coco seco ralado (100 g)
1 xícara (chá) de água quente para hidratar o coco (200 ml)
2 e 1/2 xícaras (chá) de Açúcar Granulado União Doçúcar (475 g)
1 e 1/2 xícara (chá) de água (300 ml)
1 colher (sopa) de manteiga sem sal (20 g)
15 unidades de gema peneirada (300 g)
Manteiga sem sal para untar
Açúcar Refinado União para polvilhar

MODO DE PREPARO

Em uma tigela, coloque o coco ralado e adicione a água fervente para hidratar. Reserve.

Em uma panela, adicione o Açúcar Granulado União Doçúcar com a água. Mexa até dissolver os cristais. Pare de mexer e cozinhe até obter uma calda em ponto de fio forte (110°C).

Retire do fogo e sem mexer junte a manteiga e reserve até esfriar.

Em seguida, acrescente o coco reservado, as gemas peneiradas e misture bem. Cubra e reserve na geladeira de um dia para outro, ou no mínimo por 10 horas.

Preaqueça o forno a (180°C). Unte e polvilhe com Açúcar Refinado União 20 forminhas para quindim (6 cm de diâmetro). Reserve.

Divida a massa nas forminhas reservadas.

Asse em banho-maria, em forno preaquecido por 1 hora ou até os quindins estarem firmes e ligeiramente dourados.

Retire do forno e desenforme morno.

Sirva em temperatura ambiente ou reserve em geladeira até o momento de servir.

MAY INDICA

Nesses dez anos, uma das coisas que mais me pedem (além de ensinar a fazer nossos macarons) é a indicação de onde conseguir os insumos, caixas, embalagens... Hoje nós temos grandes fornecedores que fazem parte de nossa história. Buscamos trabalhar com pessoas que queiram mais que só uma venda, que tenham um projeto maior e topem criar e tentar nos ajudar com nossas invenções (que são muitas). Atendendo a esses pedidos, criamos uma lista de fornecedores que fazem diferença:

INSUMOS

Mbee (meles de todos os tipos)
Luisa Abram (chocolate brasileiro)
Baunilhas.com
Iceberg (corantes em pó)
Delicari (iogurte especial)
Dunorte (castanhas/farinha de castanhas)

EMBALAGENS

San Felipo (acetato)
Sérgio Cury embalagens (caixas em papelaria e sacolas)
Papel Moeda (caixas cartonadas e projetos especiais)
Grafica Vip (material grafico)

CURSOS

Addolcire escola de confeitaria online

may macarons
may macarons
may macarons

A história do grupo May é feita de pessoas, de um equipe que começou com dois funcionários e hoje tem mais de 20. São 10 anos de que temos muito orgulho, com um time de pessoas especiais que estão hoje com a gente ou que seguiram seus caminhos, mas não sem deixar suas marcas em nossa vida. Não vamos citar nomes mas temos certeza de que todos sabem quem são.

De tudo que falamos neste livro, o mais importante é saber escolher quem acompanha você nessa jornada. Nosso muito obrigado a toda a equipe May, os que vestem ou vestiram nossa camisa com dedicação e nos acompanham na construção desse sonho.

Aos nosso clientes, que se sentem em casa em nossa loja, que fazem questão de serem carinhosos e educados com nossa equipe, prontos a nos ajudar a melhorar cada vez mais com seus feedbacks e que nos desafiam com novos projetos sempre.

A nossa família e nossos amigos que estão sempre perto e apoiando, seja para dobrar caixas, seja com um conselho ou um simples compartilhar de redes sociais para nos ajudar a divulgar a loja, com um orgulho que nos motiva a crescer cada vez mais.

Ao nosso filho que vai chegar e que ja é uma inspiração para continuarmos escrevendo sempre novas páginas...

MUITO OBRIGADO!

may macarons

Amizade
Alegria
Amor

04.03.17
CAROL
HUGO

STAR WARS
STAR WARS
STAR WARS

Bento

EDITOR
ALEXANDRE DÓREA RIBEIRO

TEXTO
FABIO LOUZÃ CAMPANELLA
MAYRA TOLEDO

PREPARAÇÃO
ALLAN VIDIGAL

FOTOGRAFIAS
ACERVO MAY MACARONS
MAIRA PRETO
AGÊNCIA ESTADO (PG. 38)

DIREÇÃO DE ARTE
EDGAR KENDI HAYASHIDA (ESTÚDIO DBA)

PROJETO GRÁFICO
LETICIA PESTANA (ESTÚDIO DBA)

REVISÃO
BETTY VIDIGAL

IMPRESSÃO
PANCROM

IMPRESSO NO BRASIL

DBA

DBA DÓREA BOOKS AND ART
AL. FRANCA, 1185 CJ. 31 • CEP 01422-001
CERQUEIRA CÉSAR • SÃO PAULO • SP • BRASIL
TEL. (55 11) 3062 1643
DBA@DBAEDITORA.COM.BR • WWW.DBAEDITORA.COM.BR

DADOS INTERNACIONAIS DE CATALOGAÇÃO NA PUBLICAÇÃO (CIP)
(CÂMARA BRASILEIRA DO LIVRO, SP, BRASIL)

CAMPANELLA, FABIO LOUZÃ
MAY MACARONS / FABIO LOUZÃ CAMPANELLA, MAYRA TOLEDO. -- 1. ED. -- SÃO PAULO : DBA EDITORA, 2022.

ISBN 978-65-5826-048-6

1. CAMPANELLA, FABIO LOUZÃ 2. CONFEITARIA 3. CULINÁRIA 4. EXPERIÊNCIAS - RELATOS 5. RECEITAS CULINÁRIAS 6. RELATOS PESSOAIS 7. TOLEDO, MAYRA I. TOLEDO, MAYRA. II. TÍTULO.
22-124599 CDD-641.86

ÍNDICES PARA CATÁLOGO SISTEMÁTICO:
1. CONFEITARIA : RECEITAS : CULINÁRIA 641.86
ALINE GRAZIELE BENITEZ - BIBLIOTECÁRIA - CRB-1/3129